조예슬은 1992년 대구에서 출생했다.
홍익대학교 시각디자인과를 졸업하고,
영국에 있는 Cambridge School Of Art에서
Children's Book Illustration을 공부했다.
관심 주제는 여성, 외로움, 연대, 성장 등으로
『새 옷』이 첫 번째 작품이다.

 ⓒ 조예슬 2019

초판 1쇄 발행일·2019년 3월 11일 | 초판 2쇄 발행일·2019년 7월 19일
지은이·조예슬 | 펴낸이·윤은숙 | 편집·윤재인 | 디자인·윤미정
펴낸 곳·(주)느림보 | 등록일자·1997년 4월 17일 | 등록번호·제10-1432호
주소·경기도 파주시 헤이리마을길 48-45
전화·편집부 (031)949-8761 | 팩스·(031)949-8762
블로그·https://blog.naver.com/nurimbo_pub
ISBN·978-89-5876-221-8 07810

· 이 책의 글과 그림 일부 또는 전부를 사용하려면 반드시 저작권자와 (주)느림보 양측의 동의를 얻어야 합니다.
· 책값은 뒤표지에 있습니다.
· 이 도서의 국립중앙도서관 출판예정도서목록(CIP)은 서지정보유통지원시스템 홈페이지(http://seoji.nl.go.kr)와
  국가자료종합목록시스템(http://www.nl.go.kr/kolisnet)에서 이용하실 수 있습니다.(CIP제어번호: CIP2019005873)

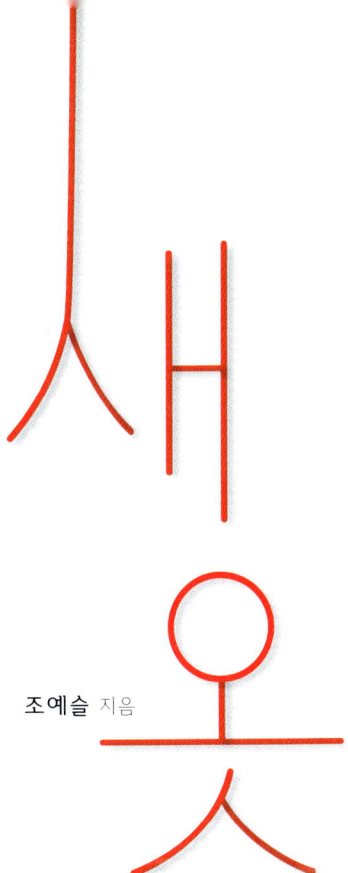

새 옷

조예슬 지음

느림보

첫 번째 이야기

거울

수진은 거울과 함께 태어났어.

거울은 수진이 누구인지 알려주었어.

"너는 뭐든지 될 수 있어."

수진은 힘차게 날아올랐어.

"안돼! 넌 여자야!"
수진에게 '여자'라는 옷을 입혔어.

수진은 흐릿해지고

이름을 잃어버렸어.

목소리도 점점 잃어버렸지.

모두가 잠든 밤에는
가슴에 고인 말들이 저절로 흘러내렸어.

두 번째 이야기

책

민주가 수진이 쓴 책을 발견했어.

책장을 넘기자 수진이 다가왔어.

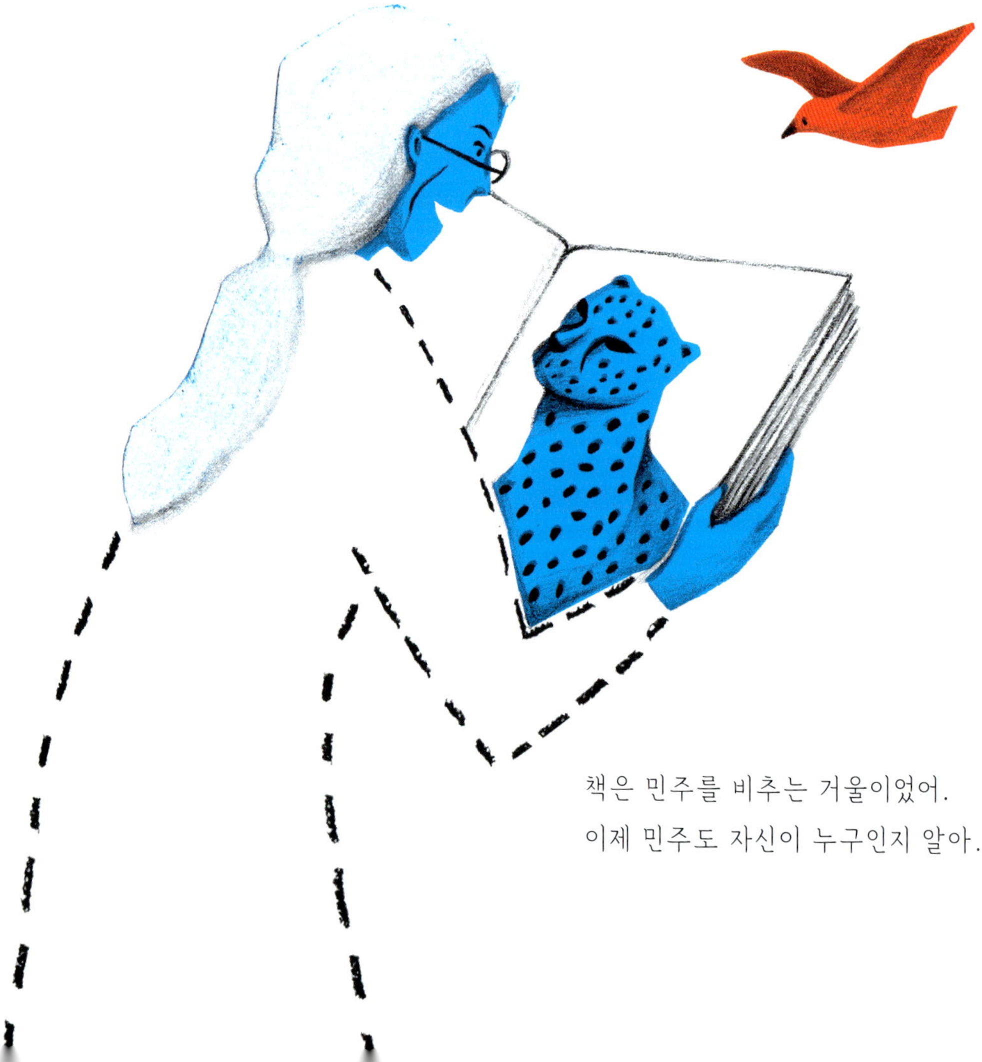

책은 민주를 비추는 거울이었어.
이제 민주도 자신이 누구인지 알아.

하지만……

이야기를 지켜야 했어.

새로운 세상으로
훨훨 날아갈 수 있도록

세상의 창문을 향해 높이 뛰어올랐지.

세 번째 이야기

울타리

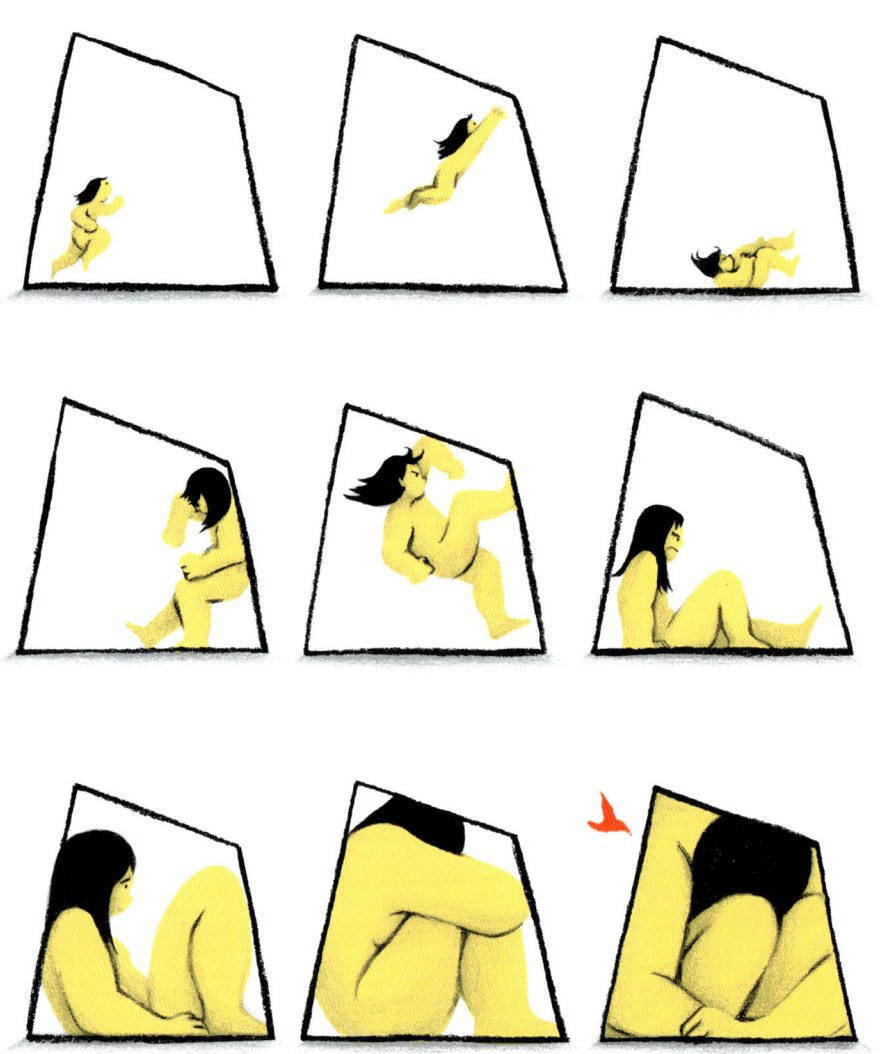

슬기는 울타리에 갇혀 숨쉬기조차 힘들어.
그때 이야기가 날아왔어.

수진과 민주가 쉬지 않고 울타리를 쪼아댔어.
울타리가 부서지고

슬기는 기지개를 켰지만
다른 누군가는 아직 갇혀 있어.

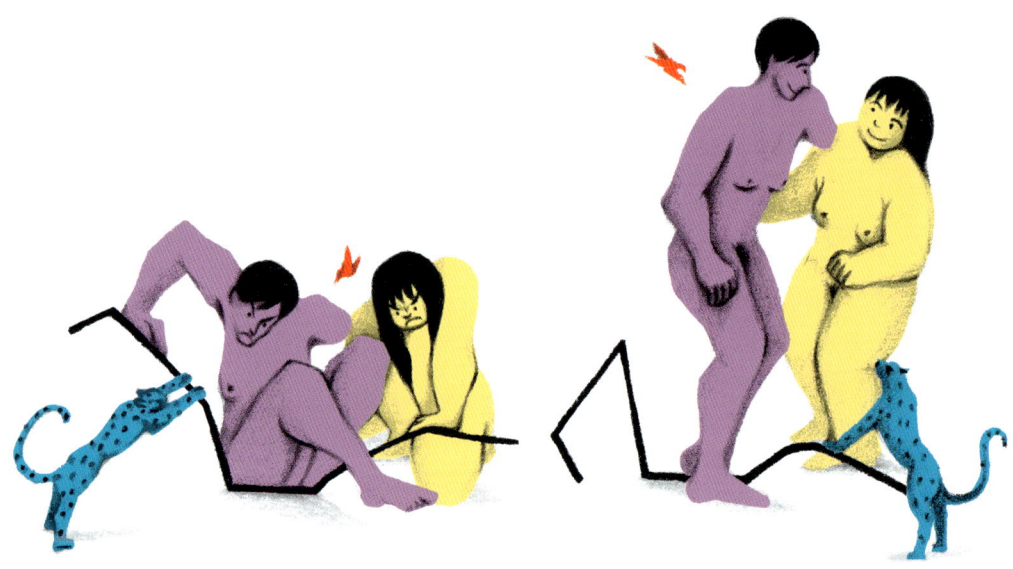

이번에는 슬기도 힘을 합쳤어.

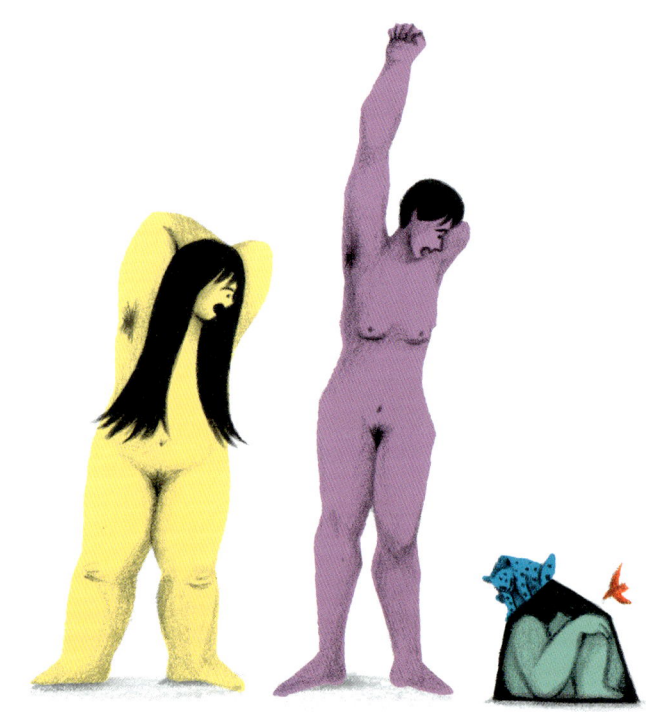

신선한 공기를 마셔야 할 사람은 또 있었지.

모두 힘을 합쳐 그를 꺼내주었지만

갇혀있는 사람들은 너무 많아.

하지만 포기하지 않아.

울타리를 무너뜨릴 때마다
우리들은 더 큰 힘이 생기는 걸 느꼈어.

다시 낯익은 벽과 부딪혔어.

네 번째 이야기
갑옷

지훈은 따뜻한 아이였어.

"안돼! 넌 남자야!"
　　지훈에게 '남자'라는 옷을 입혔어.

두꺼운 갑옷 때문에
아무것도 느껴지지 않아.

지훈은 울타리를 그리는
사람이 됐어.

그들은 벽이야.
두꺼운 옷을 입은 거대한 장벽이야.

우리들은 벽을 향해 돌진해.

지훈의 두꺼운 옷도 찢겼어.

벽은 곳곳에 있어.
우리는 벽을 향해 힘차게 달려.

다섯 번째 이야기

나는 거울과 함께 태어났어.

나는 무엇이든 될 수 있어.

남자가 될 수도, 여자가 될 수도 있어.
둘 다 아닐 수도 있고.

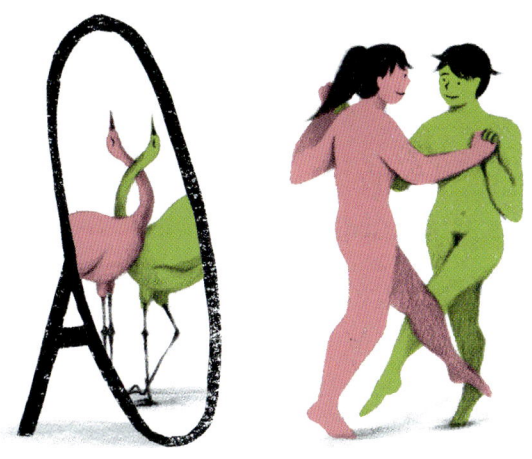

여자를 사랑할 수도, 남자를 사랑할 수도 있지.
둘 다 사랑할 수도, 사랑하지 않을 수도 있어.

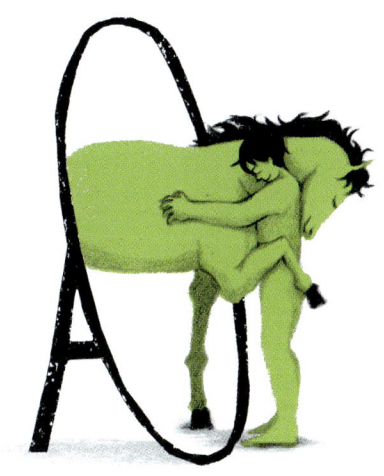

언제나 나는 나야.

나는 내가 누구인지 알아.

우리는 앞으로 나아갈 거야.